BACK TO THE FUTURE

A Collection of Dialogical Poems in Pidgin

BACK TO THE FUTURE

A Collection of Dialogical Poems in Pidgin

BOLUTIFE OLUWADELE

Winepress
by NOIRLEDGE

ISBN: 978-978-61043-0-0

Published in Nigeria by
Winepress Publishing
In association with The Village Boy Academy
www.thevillageboi.com
Email: author@thevillageboi.com

Winepress Publishing
Suite 223, Ogun-Oshun River Basin Development Authority,
Off Oni Memorial Children's Hospital, Ring-Road, Ibadan
Telephone: +234 809 816 4359 | +234 909 666 4359
Email: hello@noirledge.com | Website: www.noirledge.com
Socials: www.linktr.ee/noirledge

Winepress Publishing is an imprint of Noirledge Limited. For information regarding discounts on bulk purchases and special editions of our titles, please contact our Sales Department via hello@noirledge.com or +234 809 8164 359.

Cover Design: Dhee Sylvester
Book Design: Servio Gbadamosi
Typesetting: Rukayat Amudah
Technical Team: Solomon Ogungbenro
Printed and bound in Nigeria by Noirledge Limited

Dedication

This book is dedicated to the glory of God, and to my readers whose feedback motivate me to write more.

Acknowledgments

Book writing is not a solo enterprise. Many hands contribute to making it a delightful cuisine, despite that it usually bears the name of an individual or individuals as the author(s).

I acknowledge friends and family, especially the Canada District Society of ICAN members, for their unflinching support. Alhaja Yinka Yusuf of ICAN USA is a constant supporter of my art. I am greatly indebted to you.

When books are written, they need to get to the hands of readers/buyers. I acknowledge my nephew Kunle Bamidele for his untiring efforts in that regard. Adewale Adedeji, Ayomide Oluwatayo, Ezekiel Ajayi in Port Harcourt, Michael Olaogun in Abuja, Mr. & Mrs. Toluwaleyi, Ms. Mary Fikayo, and Damilola in Ibadan are people whose immense contributions I deeply appreciate.

Wale Soluade, Kunle Owojori, Mr. & Mrs. Toks & Yemisi Adebayo, Ohi Imoukhuede, Olanrewaju Hanafi, Goodie Ishaka, Tunde Yusuf, and Tunde Jegede are all my non-ICAN members in Canada whose support is as constant as the Northern Star. I am grateful to you all.

I cannot also forget Olumide Olaniyan, Samuel Ogabidu, Kayode Oshin, Emmanuel Abiona, Mr. & Mrs. Richard & Adeola Sotande, Abiodun Fadumo, and many others for their worthy contribution.

While I accept all responsibility for the opinion expressed in the book and any possible error, I acknowledge the diligent editing by Mr. Goke Ilesanmi. Thank you.

Introduction

It is instructive that my eventual adoption of Nigerian Pidgin English as a medium of writing books is an offshoot of my earlier linguistic experiment of trying to see if I could really communicate in this variant of English language, which has undoubtedly become a popular but unofficial lingua franca in Nigeria where there are more than 300 local languages with attendant challenges of communication.

It is interesting that the use of Nigerian Pidgin English was largely limited to the uneducated populace in the past and was despised by the elite. But gradually, the use of this variant began to be embraced beyond the linguistic boundary of the uneducated populace in the society.

Today, the use of Nigerian Pidgin English has become widespread, with the elite, the youth, business people, musicians, politicians and even writers liberally employing it for communication in a bid to widen the scope of their reach, enhance understanding of their messages and/or establish business relationships across different strata of the society in this digital age.

The widespread popularity and acceptability of Nigerian Pidgin English across various segments of the society as an alternative medium of communication has particularly stimulated my desire to write it in a bid to reach wider readership with my creative works.

It is noteworthy that my experimental adoption of Nigerian Pidgin English for formal writing began with my book entitled "Oddity of Impunity", in which some Pidgin dialogical poems are included for a textual test-run. Attendant positive comments and feedback received from the linguistic experiment have really encouraged me to write this book entitled "Back to the Future" in Nigerian Pidgin English despite its professional shortcomings as regards formal communication.

One of the major shortcomings of this popular variant is lack of standardisation and codification. We currently have only popular ethnic variants often used across linguistic ethnic boundaries, but there is no acceptable standard and official national variant in the real sense of it.

For instance, there is no standard orthography, that is, acceptable formal way of writing the so-called Nigerian Pidgin English yet. That is why people just write based on personal preference. While some writers mix pure English words, structurally-distorted English words and pure local language words together, some merely combine completely-distorted English words with pure local language words in writing theirs.

To address these notable shortcomings of lack of standardisation and codification, a nationally intelligible, popular and (unofficially) harmonised variant, with a moderate touch of simple Yoruba variant where necessary, is adopted in writing this book, to facilitate easy understanding on the part of both Yoruba and non-Yoruba speakers. Therefore, unpopular and incomprehensible ethnic variant slangs, vocabularies, idiomatic and non-idiomatic expressions, etc., are largely avoided.

There is inclusion of GLOSSARY at the end of the book to explain structurally-distorted and specially-constructed words. Given the choice of a harmonised variant adopted and attendant contextual simplicity of words and expressions used, the GLOSSARY is particularly included for Nigerians and non-Nigerians that are not familiar with the vocabularies, orthography and expressions of

Nigerian Pidgin English.

For such people, consideration is made for them in the form of occasional injection of one or two pure English Language lines/verses most of the poem to offer some mental and linguistic relief. This special injection is equally intended to reflect the natural tendency of the elite co-interactants (speakers) to switch over to pure English Language at intervals during extensive Pidgin English conversations.

To properly project this book as a product of literary creativity with satirical coloration rather than a direct documentation of historical events, literary technique of de-familiarisation (metaphor as a technique) similar to what is employed by Eric Blair (George Orwell) in the allegorical and satirical masterpiece called *Animal Farm*, is employed in the form of use of fictional names, etc., where necessary.

The book contains well-articulated 25 dialogical poems, some of which are aimed at beaming searchlight on some societal ills and the need for quick solutions. Some of the satirical poems are thematically Christened *Sunrise Afternoon, Charity from Outside, Horrors in Lasgidi, Vandalism or Imported Hooliganism?, Three Fighting in Lasgidi, Yulogy of di Supa Strika, The Amazing Amazons, Wanted: N17.1 Billion Gluttonous Termites, Back to the Future, Of Federated Hunger,* etc.

The 25 poems have been largely written in four-line verses to lend artistic musicality and rhythmic regularity to the poems. Utterances of the co-interactants in the dialogues are visually differentiated through the alternation of bold and normal textual lines for easy identification.

On a final note, the poems have been written in a dialogue form to arouse reading interest on the part of readers through stimulation of the psychological impression of merely "listening" to the co-interactants with less mental stress rather than reading, which involves massive mental exertion.

Given the superlative quality of this book, it is certain that readers will find it highly valuable, enlightening and enjoyable.

— Bolutife Oluwadele, PhD

Contents

Sunrise Afternoon

Ol'boy, sometin dey happun o
Aproko Doktor of Laif
You tink say everytin na joke?
No vex o, Àjọkẹ́ broda.

Make you dey serious nau
Serious for wetin, on top dis wahala?
So, na unseriousness go solve dis palava?
At least, make we dey kala small small.

Until kasala burst for your head
Sometin wey don burst tey tey
Dem break kokonut for your head?
Back to sender o.

You hear as e dey go for Kenya?
Who no go hear dat kain tin?
Dose guys no gree for anybodi o
Dem shine eye for di oga at di top.

No be ordinary shine eye o
Dem no gree at all at all
Come talk say no business as usual
Come see as Parliamentarians dey Ben Johnson dey go.

Dem beat Gbaja for dat one sef
Dino still dey learn from dem
East Afrika don wake for afternoon
Na Kenya, no be olof East Afrika o.

But dem represent well well
Somtin no sweet belle past dat one
Dem do pass EndSars sef
Dem no gree for dem at all at all.

You hear wetin dat woman Parliamentarian talk?
Black, Bold and Beautiful
Brain, Braun and Broadminded
Na ogbonge Amazon.

E comot tears for mai eyes
No be only you nau!
Tearless persin laik you too?
Wahala no dey taya you, abi?

E take mouth flog dem
Talk say which kain recess dem wan take?
Laik Nero wen Roman catch faya
Or Baba wey dey pick teeth.

E represent well well
E no even kia about im physical challenges at all at all
Very very vokal somebodi o
Di future of Afrika.

Kenya is now assuming
The Rising Sun of Africa
Rising up in the afternoon
To put failed leadership to test.

Tuale to di vokal pipu of Kenya
Wey kolet di baton from EndSars pipu
And shine am well well
Make all Afrikan youths embrace am.

Dem show us no be small
Dat khaki no be leda
Plus say na awa mouth we go take
Reject to drink poison.

We tuale dose Gen Z
For tanda gidigba
Even though dem dey rain bullets on dem
And dem wan make dem put reverse gear.

Dem don diklia austerity measure
Say make everyone kontribut
Come find solution togeda
Make laif betta.

Make dem vex vomit
Everytin wey dem don swallow
Make olof dem dey same level
Make e no be cheating again.

Oh, that the fire ignited
By the sunrise afternoon
Remain unquenched
Till all Africa regains liberty.

Charity from Outside

Charlie mai broda
No be only Charlie, na Dòpèmú you for talk
True to God, we be real Dòpèmú
How many una be, Dòpèmú?

No be you make suggestion?
Afta dat nko?
Na olofus come be Dòpèmú nau
You follow dem sign?

You hear say I dey work for gofment?
Yarn me make I hear nau
I neva work for dem o
How you come put wahala for awa neck?

You too don hear?
Everyone no be Amebo?
Dem yarn say dem cut gas
For Charlie pipu.

Dat one na correct tin o
Henhen, you laik am laik dat?
Sometin wey sweet belle well well
Na so you get bad belle reach?

You too dey pretend
Sometin wey no consine me sef
How e no take consine you?
Generator no dey again?

As awa charity dey begin from outside
Na so, wetin come bad for dat one?
Dem drive you comot for "oza room"?
Abeg make I hear word jare.

We dey roast yam
Anoda persin borrow awa knife
No be to love your neighbour?
You no suppose love am pass yoursef nau.

No gas for Egbin Thermal Power Station
Geregu Nuclear Power Plant no dey work well well
Ibom Power Plant just dey manage
Omotosho Power Plant neva smell gas tey tey
Afam Power Station dey struggle
But Ghana dey get am steadi steadi.

Who do us laik dis?
Na we do awasef
For sake of say make dem hail us from outside
And hala our name as Generator Republik.

No be dat one dey pain me sef
Which one come pain you pass?
Dem talk say impotent no dey lose two tins
If e no get gbola, e go get farm.

Gas we no see use
I hear sef say money get k-leg
Monkey don swallow am for road
Dem come dey owe us on top.

We come dey do yeye big broda
Who dey call you big broda?
As per Giant of Afrika level
Na dia you still dey?

But no be dia fault
Na awa pipu dey take us dey **play skii**
And sign yeye kontrat
Come abandon us for insaid darkness.

Wetin come happun nau sef?
Dem go come Abuja come beg
Afta dat nko?
We go still do big broda.

And remain awa Generator Republik
And Ghana go come take us do yeye well well
On top awa resources, abi?
We don carry awa food give cat make e chop.

Las las, Ekowas go come beg
Say na small pikin dey do Ghana?
To dey flenjo on top gbese, abi?
Na we make awa charity begin from outside o.
But di money dem pay before nko?
Sometin wey don tey well well
Money fit don miss tey tey
Dat one no be today.
Awa gofment pipu sef
Dem sabi chop clean mouth
Plus including politishians

Olof dem na reforms.

Which kain yeye reforms?
Dey dia dey hala
If you hala too much
Dem go say na snake swallow money.

While it is good to be good neighbours
You can't love others more than yourself
With the exception of Nigerian Government doing so
Whose charity begins from outside.

Baba God, I Throway Salute

I salute all of una, this New Year go favour us o
Weldon, di Village Boy International Orchestra
Wetin una dey take jollificate di yuletide?
Abeg comot make I hear word jare.

Abeg, no take dis bad behaviour enta New Year nau
So na only song dem dey take jollificate?
Persin wey im eye see New Year no go tuale Baba God again?
Dat one dey, but e suppose take enkoregment join.

Well, na only to chop fowl head I sabi tey tey
No tell me say you neva comot hand for dat kain tin o
Dem dey ritaya for last born tin?
So, you no chop head remain for your last born?

Dat one no dey show interest at all at all
Abi, you dey take stai dey oppress am?
No be only stai, na idea you for yarn
Wonda no dey end at all at all.

How area dey jare?
I hear say cold weda no dey smile wit una at all
Na to dey drink pap na im sure pass nau
Laif don reach laik dat for di abroad?

E no mean say suffahead na di tin wey dey work o
Coffee and tea no dey again?
Dis one na grade one cold sef
But you still rimenba fowl head?

Dat type wey hang fowl leg for insaid soup for three days o
Make I hear word, you fit to wait for three days?
True true, na second day we dey chop am
Wetin you come dey chop for di first day?

Na fish head for first day nau
Catfish or croaker?
My broda, na correct fish o
Iced Mackerel Fish, aka Titus Fish in Naija.

As laif reach, na im we dey take chop am
Come o, dem take fowl head and fish head do you?
Abeg lif me alone, na your mouth I dey take chop am?
I sorry for your laif.

You sef, sorry for your laif
Lif dat one jare, wetin you chop remain nau?
Shingbain no dey mai hand o
Your Mastercard no dey work again?

Dem yarn say Mastercard na awoof?
No be persin wey chop gbese dey pay am?
Abachalar no wait to pay all im own finish o
Dat one wey e pay on top apple nko?

Which taim you go Aro mental last?
Go do wetin nau?
Go check for skanskan tin nau
We don upgrade tey tey reach Yaba left o.

You don go dia dis year?
Sometin don dey do you?
Na you I dey pity so
Come, una neva upgrade for di abroad?

Notin dey do us for head o
No be una dey talk health mental pass?
Na mental health dem dey call am o
Exchange no be robbery o
If you wan yarn, make you dey yarn correct tin o
So, you no go shake bodi at all at all?

Na juss to dey tuale Baba God we dey nau
Na empti stomak we go dey take do am?
Go get yoursef fowl head and fish head
I look laik Chinco for your eyes?
Na only Chinko dey chop fowl head?
And last born wey no dey respet dia age.

I no get your taim today
Make you change your way for di new year
I go dey tuale Baba God everytaim o
Make we hear word jare, evostic aradite laik you.
See kettle wey dey call pot black o
E mean say pot no black again?

Make new year throway us betta betta tins o
Amen for dat one, but make you dey shake bodi join
Bodi dey everywia o
Jollificate even for di cold weda, you hear?

Thank you jare, my paddy for jungle
And upgrade reach Yaba left o
Notin dey do me o, I dey kampe o
New year go bring us betta betta tins o.

Sura di Famasotika

Doktor Kick and Start, long taim no hear
Abeg I dey protest o
You dey do truck driving for side hustle?
No be dat one dey worry me jare.

Which kain protest you dey do nau?
Police juss kee one Black man laik dat o
For una bunker dia?
Ol'boy, di tin pain persin well well o.

But wetin dey do Police everywia sef?
I hear say Sura di Tailor don daivasifai
Who dey yarn you dat one for yonda?
Dem say e don dey sell herbal konkoshon.

Which kain herbal konkoshon sella be dat one?
You neva hear say Shola dey do normal?
For di abroad or wia nau?
You no get any Ibadan fren?

Wetin consine Ibadan guys insaid dis one nau?
Ask dem who be Shola wey dey sell herbal konkoshon?
Abeg talk straight make we hear nau
Sura di Tailor dey sell medicine.

How Police go dey sell medicine nau?
Dey dia dey komplain on top harmattan matta
Harmattan na small tin sef as we dey so
Abi you don dey take stai no sleep for house?

So you no hear say oil no dey area?
Na im make you no dey sleep for house again?
Lif matta for Mattias jare
Make we yarn for Sura di Famasotika matta jare.

Na who we wan bilif sef?
NDLEA or Police?
Na all join no dey yarn truth
But dem don catch am nau.

Dat catch sef get as e be
All na wayo sef
As you dey look, na im you no dey see
Las las dia head go correct.

You tink say dat one fit happun?
Dia laif taya persin jare
Na how I go fit get oil dey worry me now
Carry mattras go filin steshon nau.

Na laugh you dey laugh us so
God forbid bad tin
Issorait, kontinu, you hear?
We be paddy for jungle nau.

Wetin you tink go happun for wetin you call am sef?
Sura di Famasotika, you too dey forget o
Anytin wey e laik, make e dey ansa jare
Dem dey take us dey play skii nau.

We don become Ludo for dia eyes
Before nko, na today?
Wonda no dey finish for dis kontri o
Na true talk jare.

I hear say e carry Fedra Gofment go court sef
Dat one no be yeye?
Na who I go come ask nau?
If you get headache go meet am o.

To do wetin for me nau?
To knack you injeshon for yansh
You no well at all at all
Even as I dey pity you say make sickness no injure you?

If to say you dey near me, I for sandpaper your face
Na me you wan do vawulence, abi?
Hen nau, as you tell me bad tin
To see Famasotika na bad tin?

Cold no dey catch you?
Ol'boy, cold hia don go Olympics return o
Pele, I juss dey pity you for hia
Thank you my fren.

You know before before say I be good persin
Na im you dey sleep for filin steshon?

I swear, sometin dey do you
Abi make I kuku go see Sura di Famasotika?

No be me send you o
Fear dey catch you now now
Make dem no come put igbo for my pocket
As you fit tey for kirikiri
Na only dem fit o
Dey patronise Sura di Famasotika.

Horrors in Lasgidi

Hello, Unkle Lactogen of Laif
How you dey, Doktor Kick and Start?
How far for your area nau?
Mai broda di street no dey smile at all o.

Wetin dey happun for Lasgidi nau?
You no hear as dem just dey waste laif laik dat?
No be betta tin dem dey do at all
Imagine how dem juss kee Bamise!

Young persin wey get full laif
Dat kain wickedness too much
Insaid Lasgidi of all places
Persin no fit explain di pain sef

And Mista Point-and-Kee dey dance Atilogwu on top
Plus, including im wife sef
Wia dia conscience comot go nau?
Dem still get dat tin?

But *Eko oni baje*, Lagos no go spoil nau
Wait first make I ask Detective Fash
Lagos no go spoil foreva
We no dey sure for dat one again o.

Make everyone face im problem be dat o
Before nko as no one dey sure how e dey go for area?
Abi make everyone ansa im papa name?
Dat one go hard small o.

How e go take hard nau?
So you neva hear jist reach dat side?
So Persin no fit ansa im papa name again?
Dem yarn say original papa no too plenti again o.

Yarn me wetin I neva hear before o
Dem say na only mama fit know who e born for
But I hear say no be everytaim sef
Dat one be laik tailor legs wey face plenti daireshon o.

Wonda no dey finish for bunker o
You get anoda jist dia?
Yes o, I hear anoda jist for area
No taim wey jist no go injure you.

Jist go injure you too
Why you dey curse me nau?
Back-to-sender no be curse o
Kontinu, you hear?

No be say we dey do di tin togeda?
Wetin you dey do togeda?
Make I yarn you, abi make I forget am?
How you go forget jist juss laik dat?

You see your laif for outside so?
Abeg, jist make we hear jare
You no hear di ogbonge girl wey win crown?
Dat one wey dem bring from Kirikiri?

Yes, dat one o, di poor innosent girl o
Dat ogbologbo na im you dey call innosent?
But na still ordinary detainee nau
Sit down dia dey look one kain
You don start, abi?
Abeg no vex jare.

I hope say warders no dey knack di girl sha?
 No be Naija matta we dey yarn?
Anytin fit dey happun for dia o
Na im make dem carry am go do pageant?

Make you go ask Detective Fash nau
Abeg, I no get liva for wahala o
Na to dey hala me you sabi
Shift make I throway salaiva first.

You wan throway salaiva on top my head?
Na wetin you disaf be dat
I hope say if I do mai own, you no go komplain sha?
Dem no born you well to throway me salaiva o
So na only you fit do bad bad tins?
Trai me nau make you see.

No worry, today na your own
You dey take stai dey tretin me, abi?
Na today you juss sabi wetin I fit do?
Di abroad neva change you at all at all?

No follow dem do bad tin for Lasgidi o
You know say I dey gentle well well nau

I know say you dey gentle laik snake
Abeg comot for my front.

Make dem fix Lasgidi o
And remove horrors from our streets
Lasgidi must not to spoil at all at all
E don dey hard small o.

May Bamise rest well and her family be consoled
May her soul find peace and justice too.
May all these senseless killings end in our nation.
And our nation's sanity restored!

Vandalism or Imported Hooliganism?

Mai broda of Lasgidi
Unkle Orphanage of di abroad
Ghana don pursue us comot o
Na shameful tin o.

But no be today Ghana start to dey beat us nau
Dem even disgrace us for independence
I hear say our boys carry olosho di night before
Dat one dey normal nau.

Which kain normal be dat?
Abeg make we yarn beta tin
So dem suppose carry olosho just laik dat?
Na who go stop dem say make dem no do am?

Dem no sabi say olof us dey expect victory?
You play Baba Ijebu on top am?
You know say I no dey for dat kain tin nau
Pipu dey change from taim to taim nau.

True true, dat loss cause kasala for pipu o
On top say dem close gofment office!
If you see as Ghanaians dey take us do yeye hia sef
If na you nko, wetin you for do?

I bin dey tink say dem don kansul away goal tin sef
Na only UEFA do dat one o
Make FIFA borrow am nau
Naija for still lose.

How you go yarn laik dat?
Olosho be laik gym for your eye?
So na olosho injure us laik dis?
I dey tell you, mai broda.

And di fans come dey skataskata everywia
Dat one na shameful tin o
Wetin dem spoil, who go come repair am?
No be to put budget on top dat one?

Dem don kriet chop money be dat
Sharp sharp, you go hear billions of Naira for repair
Na wa for awa pipu o
Na vex everybodi juss dey vex for area o.

But e no reach make dem dey pafuka tin nau
Dat one sef dey small insaid di kasala
Dem come murd FIFA doktor join
E be laik say yawa go gas for Naija o

FIFA no go ban us so?
Na one dey sure o
Na double wahala be dat for area o
Before nko, wetin you dey expect?

Dis na local vandalism
Abi na imported hooliganism?
Na so Britiko pipu dey do nau
So na kolo mental again?

E go be laik say na kolo mental matta o
E neva reach make we lif dis kolo mental matta
Me too no come understand again o
Na who do us laik dis sef?
Na we do awa sef o
I no go argue for dis one o.

Sometin wey no tanda well well before
We come dey pull am down patapata
No be wahala be dat?
Foolishness follow join sef.

Dem neva arrange panel?
Ol'boy, na Kaduna wahala everybodi dey yarn first
And dat young doktor just murd laik dat
I no know wetin to yarn again for dat one o.

We no fit kontinu laik dis o
You tink say Bubu sabi di matta?
How I go take know dat one nau?
I tink say no jist dey escape your radar?
E be laik say dis one don get k-leg o
Bend yansh follow dis one sef.

Dis katakata no suppose dey happun for area o
Na who go come stop am nau?
Na money dem go take replace wetin dem spoil nau
Nobodi dey tink straight again for bunker.

Dis one na bad tin
I neva see sometin wey bad pass am at all at all

Very barbaric and unpatriotic
Barbaric, yes, unpatriotic, forget dat one o.

How we go forget patriotic nau?
Okay, make you rimenba put Patrick join am
But dat one no good at all
You get anoda tin wey you wan yarn?

It is a shameful spectacle, to say the least
Big grammar on top of wetin?
That we cannot wean ourselves from colonial relics
Of imported football hooliganism
Even 60 years after
Notin dey happun for area mai broda.

This should be roundly condemned
Bai who nau?
By people of goodwill
Dem no plenti again, mai broda.

Three Fighting in Lasgidi

Doktor Kick and Start of Laif
Unkle Lactogen of Lasgidi
Di original creator of Kick and Start Famasotika
Wetin dey happun to you mai fren?

Which kain yarn be dat one?
Make I ask madam?
Sometin dey do you, abi?
Na innosent kweshon I ask nau.

Na so dem dey break broda code?
But na ….
I take God beg you, make we yarn anoda tin
Issorait o, dis your hala get as e be sha o.

How you take see all dis dikliareshon?
For Presido of our bunker?
Yes nau, I know say you go get yarn
Na three fighting for Lasgidi nau.

If no be for Jagabandy, I for yarn Lasgidi/Ogun three fighting
How dat one take be wahala nau?
You tink say e no be wahala?
No be wahala at all at all.

Yarn me wetin I no sabi nau
Na to say im papa wey born im mama mama na from Ogun
Na so, your head correct no be small
You go send me alat today?

Yeye accountant everytin na money for your eye
Kontinu, you hear?
But you know say na joke I dey joke nau?
Weldon, broda of Sista Joke.

Las las, na book go still injure you
Na so e go be for you o
For wia? Me and book no dey kolabo reach laik dat o
How di three fighting go come be laik?

Na who I go come ask nau?
Faya go catch for Pota sef
As Amarchy and Wikky go hala for diasef
Dis 2023 go serious no be small o.

Dis Amarchy matta get as e be o
Persin wey suppose dey ritayament tey tey o
On top di train matta, abi?
For correct kontri, e no go get mouth to dey do dikliareshon.

So for Lasgidi/Ogun, as you yarn
Na Jagaban, PTB and Star Boy
E go be for three pipu to knack diasef
On top who go kolet nomination.

But come o, I bin dey tink say Star Boy no go comot sef?
No taim wey dem no go comot cloth for hide-and-seek nau
Everytin don dey open nau
No close your eyes o.

Wetin you dey yarn sef?
Tori fit change somewia along di line o
Na so we go dey do dis kontri laik dis?
Everytin is onda alam no need for kontrol.
I dey come, aunty dey call me
You don dey play away match, abi?
Why you dey behave laik dis nau?
Which aunty dey call you nau?

You call your madam "Headmistress", I call mai wife "Aunty"
E be laik say you don kommit
Your mind no dey clean at all mai fren
Konfess make we beg for you.
I no kommit any offens joor
I dey hia dey wait for you.

I go see you later abeg
Make you go get your tiket for di season film
Three fighting in Lasgidi
And katakata for Pota
Las las Naija go still betta for awa taim
Make Baba God kolet our call o.

Okay nau, mai broda of laif
Greet madam o, sorry aunty for me
No call am o
Haba, which kain tin be dis nau?

I know say you fit, as you no dey kuik dey hear word
You wan start wetin you no go fit finish o
Abeg o, no vex o

I no dey vex again sef
You wey fit vex make Afrika shake sef
Bye bye for now

Make you yarn wetin dey di season film o
Of three fighting in awa Lasgidi
And two fighting for Pota
For Aso Rock of choplate
Of anoda tooth picking season

Sura Coming to Amerika

Unkle Lactogen of Lasgidi
Weldon Mista Orphanage
Dem tell you say Davido share money reach me?
No vex Doktor Kick and Start.

How oil dey for bunker?
Ol'boy di tin don become owambe sovenia o
For insaid wia dem dey play fuji music?
Dose guys wey dey smoke laik chimney.

Na hell faya dem dey take play so
At least dem go hold jollof rice follow
You no serious at all at all
Ok, how I for do nau?

You don hear latest jist for area?
Yarn me wetin I no know, abeg
Sura dey come Amerika o
Na for wia you hear dat kain rumour?

Sometin wey don dey newspapers
No be you yarn say everytin na hide-and-seek?
E be laik say e don become season film o
Na now your head dey your neck.

Wia mai head come dey before before?
How I go take know dat one nau?
E be laik say you don drink ogogoro too much
Insaid dis heat wey be laik hell faya, abi?

Abeg go prepare for di season film o
Make I go buy mai popcorn ready for kona
You mean popcorn **and groundnut?**
We don upgrade tey tey nau.

Wetin you upgrade go nau?
Na popcorn and orobo Pepsi dey reign nau
Popcorn wey no get groundnut, dat one na popcorn?
Na so you dey chop am for di abroad?

So, na everytin we go dey copy, abi?
Wetin I know be say popcorn don abandon groundnut tey tey
Una don throway betta laif for sake of copy copy
How popcorn come take be betta laif nau?

But e fit be true nau
Wetin fit be true nau?
Say Sura dey come Amerika
No be Sura, na Eddie Murphy you for yarn.

But Eddie Murphy own na film nau
Sura own go come be season film, abi?
You no fit dey serious for once?
Abeg shift make I go look for oil joor.

Abi you still dey take stai no sleep for house?
Sometin dey do you o
No vex nau, my fren of laif
So you know say I be your fren now?

Which taim di season film go start nau?
Sometin wey don start tey tey
So, e mean say Sura no dey come Amerika?
How dat tin take consine you sef?
Shey I no be Naijarian again?
Na im you come japa?

Dat one no be offens nau
Go kolet your popcorn dey wait for anansment
Tell me wen di tin go start o
Season film don start tey tey nau.

Na im you no yarn me?
Shebi we jist for Sura di Tailor?
And Sura di Famasotika
Everytin na part of di season film.

So Sura no go come Amerika again?
Go ask Eddie Murphy
E go fit to know Sura di Tailor
Lif me alone o, I take God beg you.

Abeg make dem allow Sura come Amerika o
Wetin be your own insaid sef?
True true, e no too consine me
One day, one day, jist go still injure you
How you come dey curse me nau?
Dat one na curse?
But na me and you dey di same trousa
Carry your wahala comot for hia o.

Yarn me wen new episode don comot o
Of di Sura season film?
Produced in Ebinpejo Lane, Lasgidi
Of Naija house of hide-and-seek.

Yulogy of di Supa Strika

Mai Adjunct Jist Partner of Laif
Me wey you don do laik abandoned propati
No be laik dat o, mai broda
How e come be nau?

Na kondishon make crayfish bend o
Which kain yeye kondishon be dat o?
You sabi mai Lactogen fren nau?
How dat one take consine me sef?

E bin dey hala for me say wetin I dey find again
E bin dey tink say na marriage tin
Di tin taya me sef
But you still do dikliareshon dat taim now.

E no wan hear any kain dikliareshon o
Insaid wetin nau?
No mind am jare
No be persin be Yuller wey make am open?

Dat one na on top marriage mata sef
As mai only one don become numba one
At least one still dey dia
But di guy get mind o.

You don hear any strika wey no get mind?
Even di one wey take hand score sef trai
Not to talk say dis one no be accidental discharge
But e no yarn dat one insaid di jist nau.

No be everytin dem dey yarn for publik
How e come dey announce say e score anoda goal?
E no wan kasala if di numba one come hear for outside nau
How e go take hear?

You neva fear woman reach dat side?
Which side you dey yarn nau?
Dem kombain FBI join CID
On top kpekus or wetin?

Dey dia dey do laik say you no sabi
Wetin dey dia sef?
Make woman dey shia im bobo?
Yes, wetin dey dia sef?

Sometin dey dia well well o
I tink nobodi suppose hala for dis tin again
Di woman yarn say e suffa for di bobo nau
Anyway, dat one fit dey sha.

Dat one na di koko of di mata
E come dey swear on top of di bobo
E neva reach make e swear?
E don carry plenti prayer warriors join bodi sef.

I hear say some of di prayer warriors dey kolet sef
Na so some of us too dey hear for Naija
Na hide-and-seek everybodi dey do
Na thief wey dem catch be barawo.

All oda thief wey dem neva catch be correct pesin
Na so e dey tey tey nau
But di bobo still trai nau
For sake of say e do dikliareshon.

Abi e no trai?
Dat one no consine me o
Wetin come consine you nau?
As per say money no dey nau.

No talk say your money enta one pesin hand o
Money wey no dey no fit enta one persin hand nau
Why you no come get money nau?
Ground bin no level tey tey
Eh-yah, I dey feel for you hia o
Na wetin you go yarn be dat?

Wetin you wan make I yarn again?
How we go take do di money wey no dey nau?
Go do supa strika somewia
You wan dey teach me bad tin, abi?
I no dey teach you anytin o
So, you no go shake bodi for me?

Abeg me sef na alat I dey find nau
You tink say supa strika fit work for me?
If you no fear prayer warriors o
Forget dat one, dem dey follow kolet.

Na frog wey get egg you suppose find o
Wetin dat one come mean again o?

You wan go do supa strika for suffahead?
Na true o, I bin no tink reach dia.

Now, you no go yarn say I no do anytin for you
To go do supa strika na beta tin for your eyes?
At least, na sometin nau
Abeg, I no dey do jist partner again
No wahala, Mista Lactogen still dey dia
If e neva faya you wit prayer warriors.

E no fit, I don teach am kick and start
Carry your wahala comot for mai side
Supa strika wey dey training
Why I come ansa you today sef?

Okay nau, till payday
You tink say dis supa strika tin fit work?
Wahala be laik bicycle
E no dey too hard laik dat.

Good luck on your search
Abi, good luck to Yuller?
The indomitable super striker
Who owned up for his marital escapades.

Ashewo Kobo Dollar

You be Ashewo ♬♪
I no be Ashewo ♬♪
You be Ashewo kobo kobo ♬♪
I no be Ashewo kobo kobo ♬♪
I say you be Ashewo kobo kobo ♬♪
I don upgrade to dollar dollar. ♬♪

Doktor Ekitoma Orchestra International
Mista Lactogen no be laughing mata I dey yarn, abeg
You no follow woman again?
I don stop dat one nau.

Wetin come dey vex you sef?
So, you no hear wetin dey happun for area?
As in di delegate palava, abi?
Dose ones wey no get conscience at all at all.

Dis tin don reach make pesin vex well well
On top suffahead for plenti people
Dem just dey shia dollar laik popcorn
But no be olof dem shia dollar nau.

I hear wetin happun for Niger State sef
Dat guy wey kolet im money back?
Yes, di man wey kolet di money wey e don shia back
As dem no kuku vote for am now.

But how you see dat one?
If goat no sell for market

At least, you suppose return di rope
Wey dem take drag am go market.

And we dey yarn say we dey fight koropshon
Abeg lif dat one for di gods o
Di gods wey don dey follow kolet dollars sef
You see am so?

How one delegate go kolet foti taosand dollars laik dat?
But no be from one pesin nau
Dat one come make am be correct tin?
I no yarn say na correct tin o.

Imagine Artikulate of all people!
And Wikky wey say e be lawyer o
Come dey do competition for bad behaviour
Dia own worwor pass tortoise wife sef.

Na only dat one you wan yarn?
Kogi First Lady sef hala for im security pipu
Dem come dey dance koloba koloba for am
As awoof don land for Customs nau.

Small taim, dem go begin yarn wayo
Say dem get zero tolerance for koropshon
On top di yanma-yanma wey full dia hand
Na so our laif come be for outside o?

You tink say di ruling party own no go worwor pass?
Go ask Maigaskiya if e sabi anytin nau
You wan put me for wahala, abi?

But na you dey near dem nau.

If na joke, make you stop am sharp sharp
Fear don catch you now now
Pesin wey dem take im head break kokonut
No dey get taim chop for insaid.

Na laik dis we go dey roll foreva?
We no know wetin to yarn again at all at all
E don reach make kasala burst patapata
Na so e suppose be, but we no come sabi again.

To be delegate na ogbonge business now
No shaking dey insaid
Na only correct koneshon wey go be di wahala
No tell me say you wan be delegate o
I tell you say I wan do?
Issorait o, I go open eyes for your mata.

Ashewo, sorry, politishians don upgrade
Na so we see am o
From kobo kobo to dollar dollar
From small shame, dem no get shame at all at all again
From begibegi to Anini Incorporated
And we still dey hail dem.

It is so disheartening
How terribly we have so descended!
And becoming a laughingstock!
In the comity of decent humans.

Where do we go from here?
Beyond the lamentation of the weak?
Giving up but hoping for a miracle
To turn us away from our evil ways.

Now that Ashewo has even upgraded
From kobo kobo to dollar dollar.
What a tragedy to behold!
As sheep without a shepherd that we have become.

The Amazing Amazons

Broda Lactogen of Lasgidi
God neva show you your broda o
Na wa for dis kain vawulence o
Abeg shift make I see road
How I take blok your road nau?
For wia you enta sef?

Oh, okay na dat one dey vex you?
Shey e neva reach to vex pesin?
I go buy you popcorn take kokonut join
You wan do ovadose for kick and start, abi?

No be laik dat o mai broda
How e come be den, Unkle Japa?
Na ground no wan level o
E no go betta for ground o.

Which kain yeye you dey yarn so?
If ground no level, make we exchange baton nau
You and who dey do relay nau?
Come Lasgidi make I japa for di abroad.

I dey talk about relay race sef
Which relay race you dey talk about o?
Dem finish one for London nau
I swear, sometin dey worry you.

So, you neva hear say we carry gold?
If una laik make una carry diamond

You no be beta Naija persin o
Who beta persin epp?
But awa girls trai well well
Na dat one we dey yarn?
Tobi Amusan and other sprinters were phenomenal
Kontinu your yeye grammar dia, you hear?

Dat girl dey run laik say na breeze dey carry am
Na im make dem first say na drug e dey use
For sake of say e don surprise dem for Amerika
Dem open mouth no fit close am.

E come do dem anoda one for Commonwealth Games
Who no know go sabi small taim
Say khaki no be leda at all o
E yarn say e be authentic Èmilókàn.

You no tink say na woman go safe Naija so?
Wetin make you tink laik dat o?
E neva tey wey we last smile for yonda?
True true, street no too dey smile again o.

Make we ritaya all dis old athletes joor
And knack dem for keremanje
Make dem dey chop corn and beans wey get stone
Haba, on top wetin nau?!

On top of say dem no trai at all at all nau
Dat one na correct yarn o
Make we break kokonut for dia head
Even if na to set eksampu for odas.

You tink say we get liva to do dat?
As e dey so, we go get kidney follow join sef
Abi make we flog dem koboko for market?
Dat one no bad sef.

So we go kolet awa kontri back from bad pipu
But wait first o
Fear dey catch you already, abi?
No be everytin be fear joor.

Wetin we come dey wait for?
I hear say some men be ogbologbo
True talk, you see dat one yarn
How we go come know di one wey correct nau?
Anybodi wey mess up, we go flog am nau
You tink say e go dey easy laik dat?

Anyway, e fit hard small sha o
But we no go fit dey sure
If we no trai dem first
Correct yarn, your head dey dia
Before nko, wia e for dey?
I don hear you.

Again, dose ladies trai well well
At least, we go smile small taim
Before politishians go dabaru di street again
E beta make we flush dem comot sef.

Make we hand ova to di Amazons
Laik dis Amazing Amazons

With focus and agility
And a sense of purpose
To rescue us from our terrible situations
And give us a new lease of life.

To the Amazing Amazons
You made us proud
And renew our hopes
That a better tomorrow is possible
If your type assumes power
And rule with purpose.

And change our narratives
From hopelessness to hope and achievements
If only we could assemble a sizable number
Of the Amazing Amazons across the board.

Wanted: N17.1 Billion Gluttonous Termites

Doktor Kick and Start of di Abroad
Unkle Lactogen of Lasgidi
Come and hear wetin mai mouth no fit yarn o
Shey no be alpha malaria dey worry you sha?
Na everytin you go dey tink say na joke
How you go take yarn wetin your mouth no fit?

No be laik dat nau
How e come be o?
Dis one no be play-play mata o
No let mai fuse blow o!

Weldon FFK broda!
You dey waste mai taim mai fren
Be calming down small small joor!
Say wetin happun nau?

You don dey old nau!
Na dat one make you dey hala for me, abi?
Calm down make I yarn you jist abeg
Okay, my ears don open well well.

Henhen, na dat one we dey see you for
Before nko, we be comrades for jist nau?
Issorait, make you take am easy wit me o
But you dey delay production nau.

No be only production for yarn
You wan make I vex for you, abi?

You no fit, my fren
Kontinu, you hear?

I hear say termites chop money again o
Na today, how dat one be correct yarn sef?
Sometin dey do you I swear
Okay, for which farm dem chop am o?

Which kain yeye farm you dey talk sef?
No be you no dey kuik give full jist?
Na for office dem chop di money joor
How much dem chop nau?

Na now you ask beta kweshon
Ansa mai kweshon my fren
Take am easy nau
I no too laik dis your new stai.

Na only N17.1 billion dem chop
God! For insaid dream or for wia?
Na for one office laik dat
Termites chop N17.1 billion?

Mai fren, na so we hear am o
How you take hear am sef?
Correct kweshon mai broda
Wahala no dey taya you at all at all.

Me wey di tin dey do me one kain sef
How you take hear nau?
Make you dey patient nau

You tink say GEJ go gree?

See wia your mind don waka reach
Na you wan cause dis kasala nau
Anyway, na insaid Senate hearing dem yarn am o
Who yarn dat kain nonsense?

Na NSITF yarn am for insaid Senate o
Dat one no be penshon money so?
Na who I go come ask nau?
Go ask Senators wey follow kolet di informate nau.

You no laik me at all at all
How I no take laik you nau?
You wan make dem throway me for kirikiri?
But na ordinary kweshon you go ask nau?
You be enemy of progress
Okay no vex mai broda.

Dem talk say na voucher for money wey dem spend o
Okay, no be say money miss sef?
You well at all at all?
Voucher for expenses no be money nau
And you dey call yoursef auditor, abi?
I be auditor no be say I call maisef o.

So if no evidence, how we dey take know?
Dem neva yarn say money miss according by you nau
Wetin come miss den nau, oga auditor?
How dem take chop di money na im miss.

Why you come dey wahala me sef?
I want to dissect your information
No take grammar scatter my head nau
Who come dey blow grammar nau?
Anyway, for your mind money no miss abi?
No be wetin I talk be dat o.

Wetin come be di koko of your yarn?
According by you, termites chop evidence
Evidence no be money, abi?
Exactly, dem say na account no balance
As evidence don vamoose
For insaid termites mouth.

Na on top molehill dem keep dia vouchers?
And dia office no get safe?
Abi di safe no strong reach?
Na im make termites enta insaid.

Wetin dem say wahala be laik again?
Laik Raleigh bicycle nau
And wetin dem yarn say dey smell again?
Yeye dey smell nau.

It is as ridiculous as it comes
That some termites would eat evidence of expenditure
Did termites enter the software too?
And wipe all the audit trails?
What about the bank statements?
The electronic version, at least.

Na to give anoda chop money for Senators remain.
How dat one go be?
Na to set up panel to investigate
And chop some millions of Naira
And pursue termites reach molehill
Or fumigate dem make dem vomit
All di vouchers wey dem don chop.

For Naija of Comedy
E be laik yeye no dey smell again sef
Abi wetin remain wey Musa neva hear for gate?
Evil tales all the time
It is saddening what impunity has done to us
Yet another oddity of impunity!

Emilokan Remix

Hello class, good morning to you all
Hello Teacher, we are happy to see you
Thank you, you may be seated
Whose turn is it today?

It is my turn sir.
Do not mind him; it is mine sir
It is indisputably my turn
You think it is by speaking bombastically?

Let whose head the crown fits wear it
Which crown are you wearing?
It is an idiomatic expression
No wonder I have always known you to be an idiot.

Excuse me!
Go and sit down, my fren
Can we have one class, please?
Teacher, you should know it is my turn Sir.

You know what, Mr. Teacher?
What?
Gbogbo wa lókànjare, it is everyone's turn Sir
Did you speak vernacular in my class?

I spoke in mother's tongue and translated it sir
All of you totally lack respect
Respect for what?
Everyone knows it is my turn.

It is the turn of everyone
You are all so confused.
Maybe it is the turn of all of us
Only one person can wear the crown.

And they have measured the crown with your head?
Maybe that is another "idiotic" expression.
Las las, all of us go dey normal
But, whose it is really?

Let the voters decide
Class dismissed for unruly behaviour
As it pleases you Sir!

Bring this Thing, Please

Chief Èmilókàn of Lasgidi
Doktor Eléyìí of di Abroad
Which kain nonsense greeting be dat nau?
Dat one wey you greet me nko?
Na you go yarn say you no laik am nau
Na im make me send am back to you.

Weldon, Sir Agbàlọ́wọ́ méríi (Heartless Collector) of the Universe
Abi na you be ritaya Zacchaeus?
But Zacchaeus change im way for betta nau
Taim still dey to change too.

You tink so true true?
You mean say e go too hard for Leopard?
To change im colour to sometin
E no even dey possible sef.

Wahala go dey for bunker be dat o
You no go carry box for election?
No be only box I go come carry
Come carry Ghana Must Go join am o.

E be laik say you don chop delegates tin o
For wia? Dem no gree sakulet dia money
You mean say e no reach ground at all at all?
I swear, Shingbain I no take my korokoro eyes see.

Who you come dey follow for back?
How dat one take consine you nau?
We no be paddy again?
Paddy-paddy don ritaya for jungle o.
Abi you dey wait for your Èmilókàn package?
You know wia dem dey take kolet am?
Na you I for ask nau
No be everytin you dey shook mouth?

You don dey buga for me now
How I no go buga?
Na so we go dey roll?
Wetin I gain if I no buga for you?

Dem say Obismile don dey go Egypt
E say e wan go climb electric pole dia nau
Electric pole laik how nau?
To follow draw waya come Naija nau.

Na so dem dey do am?
E say e wan make everywia get correct light
And make business no dey suffa again
But make dem dey carry money go bank well well.

Dat one make sense nau
You for yarn say e make sense die sef
You no too laik am laik dat
Pipu wey go tif di waya full ground o.

Haba, make you dey tink beta tin nau
Abeg make Showorent bring gbana for everyone joor

How dat one come take beta?
Na you sabi wetin you dey yarn o.

You neva ansa my kweshon o
Which yeye kweshon be dat sef?
Who you dey support for 2023?
Lif me alone o, I take Baba God beg you.

Abi na stomak infrastructure you dey?
Wahala dey insaid dat one again?
I just dey ask o
Kontinu, you hear?

You know anybodi wey do delegate?
Say wetin happun nau?
I wan check sometin nau
Longer throat don dey worry you, abi?
Persin no fit just know sometin again?
Na alat you don dey kakulet for your head.

Why you dey tink laik dis nau?
No be today I sabi wetin you fit do
I no dey follow do koropshon o
I trust you for dat one
Wetin you come dey yarn so?
Make we yarn anoda tin.

True true, you no kolet anytin
Sometin don dey worry you
Mai fren, notin dey worry me
You see anytin for mai hand?

Dem dey show am korokoro?
No be everybodi wey oil dey im mouth lick soup o
But how we go take know say you no lick?
Go do forensic abi wetin dem dey call am sef?

Make we do lip forensic?
Anytin wey you laik, do
If we come catch you nko?
Na im be say èmilókàn be dat.

Knowing and Caring

Doktor Vamoose of di Abroad
Mai broda no be laik dat o
No tell me say na inflation and cold dey do you o
Na olof dem join togeda o.

I say make I greet you
You do well mai fren of laif
What are friends for?
For jist and amebo.

At least, make you too dey greet us
I hear say three fighting dey happun well well
Wahala full everywia o
E get as e be o.

Wia you see three fighting sef?
No be three top pipu again?
For Lasgidi na only two I dey see o
Hundeyin dey put sand-sand for Èmilókàn pipu gaari
And Soludotion dey give Unkle No Shishi uppercut
Na faya-pikin dem dey send give faya.

Weldon, composer of Batile Alake remix
Yes na, na faya-pikin dem dey send give faya nau
If you let Batile Alake catch you
Di woman still dey?
You no dey fear at all
Abeg, enta Keke Napep go check am.

How I go take know im bunker?
No be Ijebu-Igbo near Lasgidi?
You wey know, go dia nau
You know say I no dey arand.

If to say you dey Lasgidi nau sef
You for carry me go Yaba left
Abi na Aro mental you for laik pass?
E be laik say moneymicin deficiency don dey worry you.

No be for insaid dis Buhaseen economy we tanda tey tey?
You no go waka go check Èmilókàn pipu so?
For wetin nau?
You know say shingbain no dey for No Shishi side.

Go do wetin for Èmilókàn den?
You fit get moneymicin booster
Who you tink say I be sef?
 Broke guy wey need family support
You tink say I no get conscience, abi?
Your conscience still dey work?

I swear, you go still go Yaba left.
Anyway, make you dey take am easy o
Wetin dat one come mean nau?
Na song when dem yarn for Arewa dat taim

Wetin e mean sef?
Drink water (Sapele water) small small.
Abeg shift make I see road
You don dey go meet dem

You dey find mai trouble o
Okay, no vex mai fren, mai fren

Shey na laik dis bunker go dey go foreva?
Until there is a paradigm shift
Carry your yeye big big grammar comot for hia
We suppose do things differently dis time.
But how we go take do am nau?
Na you dey ground o

So all dis wahala fit no mean anytin?
That is quite unfortunate
Those who know don't care
And those who care don't know
Yet we can't continue like this
Well, time will tell.

Our Goat has Been Un-Goated

Bobo Lactogen of Lasgidi
Doktor Kick and Start of Laif
How go dey go nau?
You wan take stai dodge giveaway, abi?

Which season jollification you wan do?
You don forget say na Christmas taim be dis?
I hear say dem wan postpone am sef
Aradite laik you go hear dat one nau.

So na yabis mode we dey today?
Before nko? Who kansul Christmas?
I yarn say I hear dem wan postpone am
Yeye no dey finish

No be dat one nau
Make I greet you first sef.

You don forget say pesin dey expect alat
Central Bank say make we no do money yanfuyanfu again
For wia you hear dat one again o?
Dem say dem wan arrest di Govnor

You mean Baba Blue of Currency and Cashless Policy?
Abeg, I no get liva for wahala o
Na only mouth you get, abi?
I tuale Baba God for mai own nau
Comot for road make I see front
Make I send alat?

Na now you dey yarn koret matta.
You neva ansa o
Which kain yeye kweshon be dat one sef?
Dey dia dey hala

Make you no trai nonsense wit me o.
Wetin you go do me nau?
Make you go ask CR7000 wetin im eye see
For di World Cup wey just finish

Dem kuku comot am as Goat las las.
But di tin pain pesin no be small o
How e take consine you sef?
As Humanchester United fan nau
On top all dat im yarn for interview?
Na di tin wey pain am e yarn nau

Tell am make e kontinu.
Anyway, na Brazil Peller be mai own Goat
Bad belle kee you dia
Make e be laik dat for you o

You dey curse me, abi?
No vex, back to sender den
You mean am?
Wetin you wan nau?
Na only alat fit settle dis one
You go wait taya o

Haba, which kain fren you come be sef?
You don dey beg me, abi?

Shey na Goat matta go come cause kasala?
E neva reach to cause am?
Any of dem don do giveaway for you?
For wia, how dem take know me sef?

Den cool temper and send me alat.
So, na so Messiful take swallow awa Goat?
Comot mouth for dat side
Sometin wey dey pain pesin
Okay go arrange anoda World Cup
Khaki no be leda
Wetin dan one come mean o?
Ordinary pesin no fit arrange World Cup

Den swallow saliva comot for dia.
Na laik dis you wan take kolet alat?
If na joke, stop am o
Wetin go happun if I no stop?
You wan take stai dodge alat, abi?
Ansa me mai fren

Okay no do laik dat nau.
Any goat wey I see nau
Na to take am do pepper-soup remain
Your head dey dia jare

But you been dey yarn Pele before nau?
Dat wan na di oga patapata of Goats o
Your head correct no be small
On top say you wan make I shake bodi

We no be fren again?
Anyway, old fren still dey.
God bless you, mai broda of laif
Alat na bastard I swear
Na you sabi dat one
Make-Money-Complete Naija Fedreshon
Tuale Baba Doktor of di Abroad.

Some Old Habits!

Mai paddy wey bam
Bobo Lactogen of Lasgidi
Tuale mai great broda
You dey whine mi today?

I no whine you at all at all o
Wetin dey happun, yarn me nau?
Na alat to chop Christmas chicken
But you dey chop before nau?

Forget dat one mai broda
How I wan take forget am?
Christmas chicken dey sweet pass o
Yarn me wetin I no know jare.

Dey dia dey pretend say u no know
I no dey pretend o
Okay, make you dey flex dia
No be say I neva chop Christmas chicken before
I know say you don chop am before nau
I be real Village Boy nau.

Laik say I don forget
And as di correct last born
Na you dey enjoy Christmas fowl pass
Fowl head wit legs wey dey hang
You wan oppress me, abi?
Legs wey dey throw pepper for eyes.

Enjoyment don injure you, no be small
Na so laif be for Christmas nau
But wait first
For wetin again o?

You still dey hold dis last born tin?
You born afta me nau
Na me born you?
I juss say make I ask you.

Your own last born nko?
Dat one no get taim for dis kain tin nau
So you go chop fowl head foreva?
Abi e dey vex you?
Chai, dis laif no balance at all
Na now your day juss dey break?

I get one kweshon again
Faya your kweshon make I hear
You still dey see fowl head chop?
Who talk say na fowl wey no get head dem dey sell hia o?

Beta don comot for okro soup be dat o
One taim I go buy fowl head for Chinko chop o
Dem take di tin do you?
No make me vex o.

Okay, how e come be?
I take am do peppersoup
Dat one be original enjoyment
For wia, di tin too soft sef?

E no come wit legs?
Dat one dey dia too
Olof dem soft too?
Na so we see am o
True true you dey miss sometin
I dey tell you.

Na im make you dey vex for me?
On top wetin nau?
Say I dey yarn you for mai Christmas chicken?
You suppose don grow pass dat one nau.

But you go Chinko chop go buy fowl head
You juss dey find trouble, abi?
Dey play mai broda
Which kain yeye play be dat?

Christmas chicken na normal tin nau?
Minus chicken, Christmas no go sweet?
Christmas wey chicken no dey na fake nau
Kontinu to dey deceive yoursef
You yoursef know as e dey be nau
Kontinu mai fren.

You sef tink am well nau
Na by force to chop chicken for Christmas?
How Christmas wan take sweet nau?
I don hear you well well o
No need to dey drag dis tin at all
Na juss pure old habit
Dis na correct old habit

If money no come dey nko?

Baba God know as e dey run am
If e no gree run am nko?
Na you be im deputy?
Old habits may not necessarily have value.

Grammar injure you dia
E don reach laik dat again?
Na you dey hala pesin nau?
Issorait, dey chop your chicken dey go.

Make you no spoil mai correct mood jare
Christmas celebration without chicken
Is and will remain a counterfeit
Old habits hardly die!

Awa Pastor, Na True?

Adjunct Jist Partner of Laif
For wia? You wey don abandon me tey tey
No be laik dat mai broda o
Wetin we come see today o?

Happy New Year nau
A kìídúpẹ́ araẹni, no need to tank awasef jare
You say wetin?
You greet me I greet you back nau.

Na so dem dey take reply?
I need idea dia jare
E be laik say you dey vex for me?
Abeg go meet your Lactogen fren o.

Na dat one dey vex you, abi?
No be only dat one sef
Wetin I do you again?
So we no go do di Ekitoma tin again?

Dat one don enta demurrage tey tey nau
You wan take grammar wool cova mai eyes, abi?
No yarn laik dat abeg
Alat sef we no see
Na di koko of your vex be dat?
Dat one reach to vex nau.

I hear say one pesin murd for bunker
Na everyday pipu dey murd nau

Pesin wey magun (thunderbolt) throway
Oh, dat one don murd, e don go
Juss laik dat? E no trai at all
Na di tin wey e laik to chop kee am o.

But why Pastor sef dey put magun for im waif bodi?
How I wan take know nau?
Wia e come see am?
Which kain kweshon be all dis nau?
You fit don hear sometin nau
Abeg o, I no hear anytin o.

And herbalist wey wan chop cockroach
No come get medicine for wetin sef?
Mumu nau
Wetin e come mean?

Go ask Obesere make e explain to you.
You sure say dat man na real Pastor?
No be you dey compare religion?
But you dey near di place wia e happun nau?
And so? How e take consine me?
Abi di man na end-time Pastor?

Which kain wahala you wan put me so?
Maybe he is a polytheist?
Shey no be say dem take big grammar swear for you?
On top simple kweshon wey I ask?

Na ordinary generalist na im you dey knack grammar.
Na true, I no kuik rimenba dat

Who you dey deceive dia?
I no dey deceive you at all o

Until grammar injure you dia.
Two spirishua people come jam ontop one woman
Na so we hear am o
And power come change hand

Which yeye hand e take change?
As one pesin don murd nau
Pesin wey murd laik ordinary fowl
Abi na fake Babalawo?

Your wahala too much.
Why you dey stubborn laik dis nau?
You suppose know say mouth drai no be small
January na normal mouth-drai month nau
Abeg I no get power for yeye jist now
Las las herbalist murd on top anoda pesin wife

Di woman sef no do well at all.
Olof dem no do well at all at all
Pastor wey dey do otumopo
Herbalist wey no get otumopo for thunderbolt

And woman wey no get respet for im man.
Las las dem go say na devil cause am
Plus including pesin wey don murd?
You fit help ask am o

You dey find mai trouble for dis new year.
No worry, e no go tey before you go see mai hand
Na dat one you for first yarn nau
Dem say dem burn Pastor church

I trust awa people
No taim for smesme
Na so e be for area nau.
Wetin go come happun to di woman nau?
Wen I see your hand, I go go ask dem
Who you wan ask?
Pastor still dey nau.

Maybe e go forgive di woman?
Dat one no consine me o
Dem fit carry am go court sef
Say wetin happun?

How e take magun kee pesin nau
Dem go fit get evidence?
Herbalist wey don murd no be evidence?
Na di woman go fit ansa dat one nau
As na dem dey togeda for hotel
You don hear everytin finish sef

No be so o.
Notin wey remain again o
Anoda tori fit still dey
I no get power to yarn tori again o

It is a very disgusting news, anyway.
Na today I go see your hand?
Be calming down nau
As hunger dey waya pesin so
Shebi na me still call you?
You suppose throw sometin for ground first
For sake of say you warn yarn ordinary jist?
Dey dia laik say you no laik am.

So the pastor did not wait on God for intervention?
And allow di herbalist to dey chop dey go, abi?
He could have cautioned his wife
Go yarn dat one to am nau.

Can it really be true?
Say wetin nau?
That he laced his wife with magun (thunderbolt)?
The Police will investigate
But no proof for magun?
Na only alat I dey wait for now sef.

This should be properly investigated
I don hear you
At least to teach some people useful lessons
Weldon, Village Headmaster.

No Be Me Get Batday

Hello, hello, hello
Who be dis nau?
Na me o, you no know mai voice again?
Dis no be your numba nau.

Yes, na anoda numba I take call
Why you dey do dat kain tin nau?
As you no wan carry mai call
Na for prayer mountain I dey tey tey o.

Prayer mountain dey Kanada?
Nowia wey prayer mountain no dey o
Doktor Wayo of di Abroad
Dat one no consine me at all at all.

I say make I ask you sometin
Ask me wetin?
How we go take do Christmas nau?
How I go take know?

You no rimenba how e dey be?
I yarn say I dey on top prayer mountain nau
Afta dat nko?
I dey follow Baba God yarn nau.

For sake of dat, we no go do Christmas, abi?
Wetin you wan do sef?
Jollificate for Christmas nau
Anybodi dey hold your hand?

Na im make me hola you nau
Na me hold your hand?
You suppose shake bodi nau
Me wey neva chop belleful sef
Na im make you go hide on top prayer mountain, abi?
Na me and Baba God get dat one.

Shey you no go come down again?
How I no go come down again?
Make I dey wait for di tin?
Na me get batday?

Why you dey stubborn laik dis sef?
Abeg anoda call wan enta my phone
You wan take stai run comot, abi?
If na Baba God dey call nko?

Baba God dey call you on top prayer mountain?
Baba God, abeg no go gree make I miss call o
Chai, your wayo no get part two
Massive goodness is my portion.

As I Was Saying

Happy New Year Bros
Na you be dis or your ghost?
Which kain yarn be dat one nau?
Wia you dey tey tey?

I no tell you say I dey on top prayer mountain?
So, you neva come down?
I don come down tey tey o
You go hide for on top prayer mountain, abi?
No be laik dat at all at all o
How e come be nau?

Tori long, no be small o
Cut am small mai fren before before
Who ritaya you for frenship?
Na me ritaya maisef nau.

Fa fa fowl, no leave, no transfer
No be fowl, na Mackerel Fish, aka Titus Fish sef
Mai fren, you no fit ritaya o
Bring kola make we kontinu di frenship nau.

No be kola, na kokonut
Okay, dey dia dey do strong head nau
I no come understand you again o
As you waka no look back nau.

Okay, no vex o, you hear?
Dat one go be on sometin

Make e no be wetin I dey tink sha o?
You go shake bodi well well
For dis January wey long laik dis?
Dat one no consine me o.

Me wey neva chop belleful
You must to shake bodi
Abeg make we yarn beta tin first
Notin beta pass money mata nau.

Come, how you take jollificate for December?
Omoh, laif sweet for enjoyment o
You chop fowl head?
Wit two legs wey soak for soup
And correct pounded yam
You neva forget dis tin

Man dey miss big taim.
Shebi you yarn say you get am before?
Dat Chinko own no be am joor
If no be Panadol

E no go be Panadol at all at all.
How street dey nau?
Na me dey hold street for hand?
You be bobo for bunker nau
Na leopard I be for street sef
Haba! You too dey hala pesin sef
Shake bodi make we begin yarn
No be yarn we don dey yarn?

You no fit remain fowl head for me
I for post am to you from di abroad
Sometin laik dat
Yeye too dey worry you.
Na so we go roll for New Year?
Sometin fit change o
Wetin go make am change?
Na money nau, no dey hala me joor.

You no even show face for mai book launch
Sometin wey you put for night
Nine pm no be night nau
Okay, na afternoon or three O'clock
Why you dey argue laik dis sef?
Abeg lif me jare.

But you fit still launch your own nau
Make I call Emefielaunch for you?
Which wahala you wan put me for so?
As you dey look for relaunch nau.

Wetin go come happun?
You suppose send me copy first nau
You go launch if I send o
If I laik di book, why I no go launch?

Onye wayo laik you
Pesin go tink say you sabi speak Igbo language nau
Wetin consine you for dat one
You wan take stai use bread pack awa soup for plate
Na you sabi o

You wan injure me for January.

Wetin I do you nau?
You no know say January na 70 days?
For your own calendar or wia?
Dey dia dey form yeye abroadian
No insult me mai fren
Shebi I no wan be fren again?
Just launch mai book first
And forget frenship later.

Yes nau, as you don dey curse me
For wia you see me carry charm?
Your mouth sharp too much nau
Kettle dey yarn say pot black.

Pot no black?
Kettle na green
You go launch or -- ?
Or wetin?

Small taim nau, you go say I vamoose
No be today you dey do dat one nau
Just send your payment alert for my book launch, okay?
After January 62nd
Haba, wia dat one dey insaid calendar nau?
Mai calendar get am.

This is a new year
Try and do things differently
Prioritise your spending

So you will not be caught
In the web of financial embarrassment
And create fictitious calendar dates
May the year be fruitfully blessed for
For all and sundry.

Wetin be Your Name Again?

Betta pikin, how you dey nau?
Sometin dey worry you?
Pesin no fit greet im fren again?
Which kain yeye greeting be dat one?

But wetin dey happun?
Na okro soup dey happun
Thank God say no be ewedu, I mean jute mallow
Shey no be say you no complete am?
Wetin you dey complete?
Your medicine nau.

Who carry medicine give you?
You no know say sometin dey worry you?
On top ordinary greeting, abi?
Who your greeting epp sef?

We no be fren again?
Who wan fren you sef?
Me, I still dey confuse o
Confusion kee you dia.

I do bad say I tuale my fren?
Betta no be correct tuale again o
Say wetin happun?
You wan make dem rope me join?

Rope you join wetin?
Na pesin wey chop sometin dey vomit o

You fit vomit water nau
I see say you no laik me at all
Me I no come sabi your wayo again o
Abeg shift make I throway salaiva jare.

Dat one na dirty habit nau
Na habitual you suppose yarn
Why you come dey hala me today sef?
Doktor wetin you call yourself? Lif me o

As comrade fren, wetin be mai offens sef?
Why you go call me Betta pikin?
Wetin bad for insaid dat one?
Na everytin bad insaid o
How e take bad nau?
So you know who dey ansa dat name?

Na pesin name e be?
No, no be pesin name
Yarn me wetin I no know jare
Make you dey dia dey pretend.

You don dey fear EFCC, abi?
See me, see me wahala o
Pesin no fit follow you play small again?
I no laik dis kain play joor
Okay o, but na ordinary greeting
Until dem throw persin for kirikiri.

But wait first
For wetin nau?

Make I check your lips first
Wetin you wan check dia?

You sure say you no lick anytin?
Which kain wahala be dis for new year?
Ansa mai kweshon first
Wetin I for lick nau?

You no follow lick oil?
I go swear for you o
No be kweshon I ask?
Go ask Edumark weda e know me o
But I no know am o
You must to know am by force.

You wan rope me for wahala?
So fear dey catch you too?
I no follow chop anytin nau
But you wan investigate my lips.

Na for sake of incasity nau
Dis na new year o
Okay, I no go call you Betta again
Abeg, I no get liva for wahala o.

Name don dey bring wahala for area?
No be small tin o
But dat babe suppose sharp pass dat nau?
Laif dey happun mai fren.

Wetin you tink go happun to am?
You juss wan put me for wahala

Wetin dey make you dey fear sef?
You neva hear dat proverb?

Which proverb?
Pesin wey dem break kokonut for im head…?
No go get mouth to chop for insaid
Oh, so you sabi di proverb sef?

But na juss name wey resemble nau?
Na dia wahala plenti insaid
Make dem no come arrest olofus dey ask yeye kweshon o
Na now your head don correct.

How I go take greet you next taim?
I no mind Bobo Lactogen sef
But you no laik am before?
I don laik am now.

So Betta no come be betta pesin again?
Na you yarn dat one o
If e come be innosent las las nko?
No be me dey judge pesin nau
But you dey pick race for di name nau?
If na you, you no go run?

As di name don get as e be nau.
So, what is in a name?
That it may no longer be associated with?
We need to guard our space and name jealously
For our name not to become a mockery.

Dis Tin No Too Clear

Doktor Vamoose of di Abroad
Bobo Lactogen of Lasgidi
We no even see your rear light again
Dog eyes dey comot blood nau o.

Haha, which kain talk be dat one?
Na flu wan injure me o
You no dey knack sometin again?
Di tin no catch am well laik before.

Eh-yah, pele mai broda
You sef no check your broda
You no hear say Naira dey do janglova?
Di tin dey surprise me sef.

Na una wey dey abroad dey enjoy nau
Who talk say ground no bend for kona hia too?
Which kain yeye bend ground dey bend nau?
Na we know as e dey go nau.

You don start to dey dodge wetin pesin yarn
How I go dodge wetin you neva yarn?
Na today you start to dey dodge alat abi?
Na Baba God dey run am for us nau.

Baba God no say make you help your broda run am?
E go run am direct for you nau
Which taim e go run am nau?
Na me be Baba God PA?

Chai, wayo full your head
See kettle wey say pot black o
No be every pot black o
You see dat one talk jare.

But you suppose be your broda keeper
Which broda keeper be dat?
Abeg no do laik dat nau
You no hear award wey dem give NairaSpark?

Who carry award give NairaSpark?
You neva hear dat one?
Award for wetin nau?
Best Performing Currency.

For Kusangba Land or wia?
For all ova di world nau
All ova di world?
Sometin wey dey news everywia.

No be only performance
Na somersault e for be sef
Who do us laik dis nau?
Na who I wan come go ask now?

That must be an expensive joke
Or some kind of hallucination
That has no basis at all
Except in some figment of twisted imagination.

Sometin no balance for di yarn
Dis tin no clear at all at all
How e wan take clear sef?
It is some delusion, to say the least.

Back to the Future

Broda Lactogen of Lasgidi
Doktor Kick and Start of di Abroad
I hail you well well o
Me too dey hail o.

I hail you, you hail me back
Na so so hail we dey hail awasef nau
Naija sef hail olof us
We sef dey hail Naija o.

So na true dem yarn--?
Wetin be dat one o?
Say dem don change am for us?
Before nko, na today?

Na di "Ẹ lọ fọkànbalẹ̀" (Let your mind be at rest) be dis?
E be laik say na im be dis o
Wetin come be di benefits sef?
Na small small dem dey bring birds comot for pocket nau.

Pocket wey don leak finish?
Tailor no dey to sew di pocket back?
Shoulder-na-shop tailor dey ground bẹ̀rẹ̀kẹ̀tẹ̀
Anyway, you see dat one yarn sha.

But make I no talk sef
Yarn wetin you wan yarn joor
Na dis kain change we want?
No be new anthem nau.

I even still rimenba to sing am
Na dia you go, Mista Old School
Old School kee you dia
I follow dem dey Aso Rock?

Are there no issues more important?
Than recycling the old national anthem?
Recycling no be today o
Even as hunger wan kee everbodi.

Dem no feel for pipu at all at all
But I hear sometin sha o
Talk your talk make I hear
Dem say di anthem na 2014 Confab mata.

Of all recommendations of 2014 Confab?
Na old national anthem dey most important?
No be renewed hope?
I swear, na refreshed koboko.

Can't you even be positive for once?
No be we wey wear shoe know wia e dey pinch?
You see dat one yarn true true
Our tiring don taya alredi.

In fact, the lightning speed
With which everything was done
It was as if it would enhance our economy
And put food on our table.

It seems this government has lost focus
Did they even ever have any?
At least dem do us wayo
Where has it landed us now?
Anyway, let us wait and see
Maybe there may be resurgence
For powerful action and impressive performance
We hope so!

Meanwhile, I still dey hail o
Until di resurgence we dey expect start
And awa eyes go come clear
Olofus go come know.

Asking for Yeye First Fruits

Doktor Kick and Start of di Abroad
Mai fren Lactogen of Lasgidi
I say make I hola you
You do well mai fren.

No forget mai first fruits o
From which farm nau?
Why you dey talk laik dis nau?
Wia I suppose get fruits nau?

Na for only farm dem dey get fruits?
Dem tell you say I open supermarket, abi?
Wetin dey worry you sef?
No be you sometin dey worry so?

Wetin come dey worry me o?
Which kain first fruits you dey ask me?
Laik say you no sabi wetin I dey yarn
I no sabi your yarn o.

Which kain language you come dey take yarn nau?
Na Waffi Modern Orthography
Who do you laik dis sef?
I sabi plenti language nau.

Abeg make I hear word jare
First fruits kee you dia
Make you no curse me o
Wetin wan come happun?

I go send you thunder
Your thunder too dey do press-up.
You too wan send me thunder, abi?
Yes nau
Wetin I do you nau?
You dey ask me yeye first fruits.

E neva reach laik dat nau
E don pass dat sef
Okay send me sometin to hold bodi
For dis January again or wetin?

Yes, wetin do January?
E no long for your side?
No be 31 days?
E be laik say na 75 days nau.

But pipu dey give first fruits nau?
From wia reach wia?
Awa Pastor yarn say na by force o
Go give am your own nau.

If to I say get, I for ask you?
Na me come get, abi?
Fren no fit help fren again?
E no go beta for yeye frenship.

Tell me say you broke joor
To broke no be offens nau
So you no go shake bodi?
I no dey plant fruits o.

But you fit monetise am nau
For which account I go put dat one?
Do am for Baba God nau
Baba God no dey chop fruits.

Wetin make I yarn awa Pastor?
Go read your Bible
I dey always read am
Yarn your Pastor wetin you read.

Which one you wan make I yarn dia?
Say Jesus no kolet first fruits
Haba, you wan put me for wahala?
Den, go Oyingbo Market go kolet fruits.

Dem go gree to give me for free?
No be near your bunker e dey?
I go terminate awa frenship o
Kontinu to enjoy your first fruits
Chai, God dey o
E dey knack you for brain, abi?

Of Federated Hunger

Happy Democracy Day
You say wetin?
Today no be June 12 again?
If na so, nko?

I suppose greet you for di day nau
On top wetin nau?
No turn dis tin to two fighting o
Lif me o, hunger dey waya persin.

Na hunger no make you ansa me, abi?
Dat neva reach for your eyes?
No vex mai broda of laif
God neva show you your broda o.

Ol' boy, dis tin don dey get k-leg o
Na only k-leg you see?
E don pass dat one sef
Na worwor level we dey nau?

Eh-yah, pele, I dey feel for you o
Sorry for yoursef
Today don get as e be again?
Why you come dey form nau?

How I take dey form o?
You no sabi as street be?
Street no dey smile
E no dey smile at all at all o.

From Calabar reach Kafanchan
And Sokoto reach Igbeti
From Abakaliki reach Maiduguri
And Lagos reach Potiskum.

Everywia na so so hunger
No food to chop
No water to drink sef
Even sef di "oza room" don close.

It is well o
Dem don take dat wan wayo us so tey
But na message of hope nau?
Hungry pesin get hope?

Wen laif still dey
You sure say laif dey Naija so?
E neva bad reach laik dat nau
Who say everytin don worwor finish?

On top dis na im di Govnors
Dey yarn nonsense
Say e go hard dem to pay N70,000 o
No be yeye dey smell for dem?

So, they have decided
In their narrow-mindedness
To properly federate
Hunger in the land.

Omoh, I no know wetin to yarn sef
For dis kain wickedness o
Dem say make we hold awa belt tight
But dia belle dey tear dia own belt o.
As dem over-belleful
Dem no care say hunger dey waya us o
Dem no show us mercy
No be winch dem be?

No be ordinary winch sef
Na winch promax
Dem dey wicked no be small
For sake of say dem turn blind eyes to awa suffahead.

In dia mind nau
Dem go pay wetin dem fit pay and owe join
Sometin wey no reach anywia o
Say na dividend of democracy.

Shame to yeye democracy
Wey don make awa poverty plenti
Come take federated hunger
Join di suffahead wey we dey suffa.

Glossary

<u>A</u>

Abachalar: Fictional name of a popular personality.

Abakaliki: Name of a town in Nigeria.

Abeg: I beg.

Abi: Or (affirmative usage/statement, denoting choice).

Abi?: Is it not? (interrogative usage).

Abroadian: A person living abroad or in the Diaspora.

Afam Power Station: One of the power stations in Nigeria located in Rivers State.

Afrika: Africa.

Afta: After.

Àjọkẹ́/Joke: A personal name from the Nigerian Yoruba ethnic group literally meaning "jointly-pampered person".

A kìídúpẹ́ araẹni: Do not mention.

Alam: Alarm.

Alat: Alert.

Alreadi: Already.

Am: Him/Her/It (Object Case of the third person singular pronouns).

Amarchy: Fictional name of a popular figure.

Amazon: A brave, strong and tall woman/female.

Amebo: Gossip or gossiping.

Amerika: America.

Anansment: Announcement.

Anoda: Another.

Anybodi: Anybody.

Aproko Doktor of Laif: Gossiping Doctor of Life.

Aradite: A miserly or stingy person.

Arand: Around.

Arewa: Another name for the Hausa ethnic group of Nigeria.

Aro mental: Mental illness or psychiatric hospital.

Artikulate: Fictional name of a popular figure.

As e dey go: 1. As he/she/it is (or was) going there.
2. As the situation is or things are.

Ashewo kobo kobo: A cheap prostitute.

Ashewo Kobo dollar: A cheap but later expensive prostitute.

Aso Rock of choplate: Symbolises seat of power of enjoyment.

At all at all: At all (used emphatically).

Atilogwu dance: Traditional dance of the Igbo ethnic group of Nigeria.

Awa: Our (Possessive Case of first person plural personal pronoun).

Awoof: Freebie or free gift.

Baba Blue of Currency and Cashless Policy: Fictional nickname of a popular personality.

B

Baba God: God Almighty.

Baba Ijebu: Betting or lottery.

Bad belle: Hatred or malice.

Bad pass: Worse.

Barawo: Thief.

Batday: Birthday.

Batile Alake: A deceased popular female musician from Ijebu-Igbo, Ogun State, Nigeria.

Before before: Before or formerly.

Belleful: Eat to satisfaction or excessively.

Ben Johnson: Run away or take to one's heels.

Bèrèkètè: Plenty or many.

Betta: Better.

Betta beta tins: Very good or great things.

Bilif: Belief or believe.

Bin dey: Has/have been.

Blok: block.

Bobo (human being): A (young) man.

Bobo (something): Misinform, deceive.

Bodi: Body.

Born: Bear a child or give birth.

Brazil Peller: Fictional name of a late global icon.

Britiko pipu: British people.

Broda: Brother.

Broda keeper: Brother's keeper.

Bros: Brother.

Buga: Show off.

Buhaseen: Fictional name of a popular public figure.

Bunker: Area or country.

<u>C</u>

Calabar: Name of a city in Nigeria.

Chai: An exclamation used to express grief, surprise, disappointment or anger.

Chief Èmilókàn of Lasgidi: Chief "It is my turn" of Lagos.

Chinko: China/Chinese.

Chop: Eat or food.

Chop remain: Reserve a leftover or some.

Comot: go, leave, get out, come out or bring out.

Confab: Constitutional Conference held in Nigeria in 2014.

Consine: Concern.

Copy copy: Imitate or imitation.

Cova: Cover.

CR7000: Fictional name of a global icon.

<u>**D**</u>

Dabaru: Distrupt or scatter.

Daireshon: Direction.

Daivasifai: Diversify.

Dat: That.

Dazzol: That is all.

Dem: They/Them (Subject and Object Cases of the third person plural pronoun).

Dey: Used in the sense of the English Language verb "to be" (Be/Am/Is/Was/Are/Were), e.g. Dey go.

Dey: Available (e.g. Food dey plenti plenti).

Di: The.

Dia: Their/there (Possessive Case of the third person plural pronoun; adverb of place and preparatory "there").

Di abroad: Abroad.

Diasef: Themselves.

Diklia: Declare.

Dikliareshon: Declaration.

Dino: Name of a popular personality.

Dis: This.

Disaf: Deserve.

Do: Wrong with or affect, e.g. Sometin dey do you.

Doktor: Doctor.

Doktor Eléyìí of di Abroad: Doctor "This One" of Abroad.

Don: Has/Have/Had, e.g. E don go.

Don wake for afternoon: Has/Have done the right thing at last, though late.

Do normal: Do the right or expected thing.

Dòpèmú: 1. An area in Lagos.

2. Metaphor for a fool.

Dose: Those.

<u>E</u>

E: He/She/It (Subject Case of the third person singular pronouns).

Ebinpejo Lane, Lasgidi: A place where movies are sold in Lagos, Nigeria.

Edumark: Fictional name of a public figure.

EFCC: Economic and Financial Crimes Commission (an anti-graft government agency in Nigeria).

Egbin Thermal Power Station: One of the power stations in Nigeria located in Lagos State.

Eh-yah: What a pity or I feel for you.

Eko oni baje: Lagos will not spoil.

Ekitoma: Coinage of Ekiti and Obioma.

Ekowas: ECOWAS.

Eksampu: Example.

Ẹ lọ fọkànbalẹ̀: Put your mind at rest or feel optimistically relaxed.

E make sense die: It makes a lot of sense.

Emefielaunch: Fictional name of a popular personality.

Èmilókàn: It is my turn (Nickname of a popular personality).

Empti: Empty.

EndSars: A 2020 violent protest or riot in Nigeria.

Enkoregment: Encouragement.

Enta: Enter.

Enta demurrage: Enter demurrage (state of paying a demurrage penalty, especially at the sea port).

** Everybodi:** Everybody.

Everytaim: Everytime.

Everytin: Everything.

Everywia: Everywhere.

Ewedu: Jute mallow.

<u>**F**</u>

Famasotika: Pharmaceutical or pharmacist.

Fash: Short version of a personal name among the Yoruba ethnic group of Nigeria.

Faya: Fire.

Fedra Gofment: Federal Government.

Fedreshon: Federation.

FFK: Short or nickname of a public figure.

Filin steshon: Filling station.

Fit: Can.

Flenjo: Enjoy.

Flex: Show off.

Foreva: Forever.

Foti taosand: Forty Thousand.

Fren: Friend.

Fuji music: A genre of traditional music among Yoruba ethnic group in Nigeria.

<u>**G**</u>

Gaari: Cassava flakes or fried flour of starchy cassava root.

GEJ: Short or nickname of a popular figure.

Gbaja: Name of a popular personality.

Gbana: Marijuana, hemp or cannabis.

Gbese: Debt.

Gbogbo wa lókànjare: It is everyone's turn or it is the turn of all of us.

Gbola: Manhood or male organ.

Geregu Nuclear Power Plant: One of the power plants in Nigeria located in Kogi State.

Gidigba: Firm, strong, solid or unshakeable.

Go dey roll: Will be operating or interacting.

Gofment: Government.

Govnor: Govenor.

Grammar: English, speaking bombastic English or using high-sounding vocabulary.

Gree: Agree or Accept.

Ground bin no level: Things have not been easy.

H

Haba: Expression of surprise, disbelief or annoyance.

Hala: To shout or raise your voice at someone.

Happun: Happen.

Hear word: Obey instructions.

Hen: Yes.

Henhen?: Is that so? (interrogative usage or tone).

Henhen: I know (affirmative usage).

Hia: Here.

Hola: Greet.

Hope say: Think that.

How far?: 1. How are you? 2. How are things? 3. How is everything?.

How you dey?: How are you?.

Humanchester United: Fictional name of a popular football club.

Hundeyin: Name of a popular personality.

I

Ibadan: Name of a city in Nigeria.

Ibom Power Plant: One of the power plants in Nigeria located in Akwa Ibom State.

Igbeti: Name of a town in Nigeria.

Igbo: 1. Marijuana or Indian hemp (literal meaning)

2. Problem or any implicating item (metaphoric meaning).

I hear say: I heard that.

Im: His/Her/Its (Possessive Case of the third person singular pronouns).

Incasity: An unexpected or predictable thing.

Informate: Information.

Injeshon: Injection.

Innosent: Innocent.

Insaid: Inside.

Issorait: It is all right.

J

Jagabandy: Fictional name of a popular figure.

Janglova: Unstable, fluctuating or swinging.

Japa: Run away, escape or desperate emigration.

Jare: Please (Used at the end of a sentence, etc., for emphasis).

Jist: Gist.

Joke/Ajoke: A personal name from the Nigerian Yoruba ethnic group literally meaning a "jointly-pampered person".

Jollificate: Enjoy or celebrate.

Joor: Please.

Juss: Just.

K

Kafanchan: Name of a town in Nigeria.

Kain: Kind.

Kakulet: Calculate.

Kala: To be serious, strict, unsympathetic or pitiless.

Kampe: Fine, okay or strong.

Kanada: Canada.

Kansul: Cancel.

Kasala: Big trouble or problem.

Katakata: Mishap, crisis or problem.

Keke Napep: Implies tricycles in Nigeria.

Kia: Care.

Kirikiri: Location of a correctional centre (prison facility) in Apapa, Lagos, Nigeria.

K-leg: An unexpected complication or problem.

Knack: Hit, give or have sex.

Kobo: Part of Nigeria's currency.

Koboko: Whip, flog or beat.

Kogi First Lady: A wife of a Governor of Kogi State, Nigeria.

Koko: Main thing.

Kokonut: Coconut.

Kola: Kolanut (Literal meaning). Gift (metaphoric meaning).

Kolabo: Collaborate or collaboration.

Kolet: Collect.

Kolo: Mental disorder.

Koloba koloba: Helter skelter, in confusion or fear.

Kombain: Combine.

Kommit: Commit.

Komplain: Complain or complaint.

Kona: Corner.

Kondishon: Condition. "Na kondishon make crayfish bend" (idiomatic usage): This means that a difficult situation can make a strong person helpless.

Koneshon: Connection.

Konfess: Confess.

Konkoshon: Concoction.

Kontinu: Continue.

Kontrat: Contract.

Kontri: Country.

Kontribut: Contribute.

Kontrol: Control.

Korokoro: Clear or clearly.

Koropshon: Corruption.

Kriet: Create.

Kuik: Quick or quickly.

Kuku: Just. Note: Kuku is used as an intensifier or adverb for emphasis in a sentence.

Kusangba Land: Fictional town or place.

Kweshon: Question.

L

Laif: Life or lives.

Laik: Like.

Lasgidi: Lagos (in Nigeria).

Las las: At last or eventually.

Leda: Leather.

Lif: Leave.

Liva: Liver.

Longer throat: Covetousness .

M

Magun: Thunderbolt (A charm popular among Yoruba ethnic group, which some husbands magically place on their suspected adulterous wives to punish them (such women) and their male adulterers).

Mai: My.

Maiduguri: Name of a city in Nigeria.

Make I hear word: Stop your rambling or let me have peace.

Mama: Mother.

Mama mama: Grandmother.

Matta: Matter.

Mattras: Mattress.

Mista: Mister or Mr.

Moneymicin deficiency: Neologism for lack of money.

Mouth drai: Mouth dry (Being cash-strapped or broke).

Mumu: Fool or dullard.

Murd: Die or kill.

N

Na: It is.

Naija: Nigeria.

NairaSpark: Fictional name of a currency.

Na small small dem dey bring birds comot from pocket (idiomatic usage): Things are often done gradually.

Nau: A kind of slang or colloquialism that sounds like "now" and is derived from Nigerian Lagos variant of Yoruba Language. It is different in tone and meaning from the adverb of time "Now" and is merely used for emphasis or as an intensifier, "I want to eat 'nau'."

Na wa o: Expression of surprise, disapproval, caution or condemnation.

Neva: Never.

Nko?: So what?

No: Do not, e.g. No go.

No balance: A situation that is unfair, unfavourable or unjust.

No be: It is not (affirmative usage/statement) or Is it not? (interrogative usage).

Notin: Nothing.

NSITF: Nigeria Social Insurance Trust Fund.

Numba: Number.

O

Obesere: A popular Nigerian Fuji Musician.

Obismile: Fictional name of a popular figure.

Oda: Other.

Offens: Offence.

Oga: Boss.

Oga at di top: High-ranking boss or official.

Ogbologbo: An experienced or exposed person.

Ogbonge: Great, amazing or real.

Ogogoro: Local hard drink or liquor.

Ogun: Ogun State, Nigeria.

Okro: Okra.

Ol'boy: Friend or man.

Old School: Outdated or old-fashioned.

Olof: All of.

Olofus: All of us.

Olosho: Harlot or prostitute.

Omoh: Child or my friend.

Omotosho Power Plant: One of the power plants in Nigeria located in Ondo State.

Onda: Under.

Onye wayo: A deceitful person or friend.

Orobo: Fat or big.

Otumopo: Charm.

Our Goat Has Been Un-Goated: Our Greatest of All Time (personality) has been rubbished.

Ovadose: Overdose.

Owambe: A ceremony or party (the word is derived from the language of the Yoruba ethnic group of Nigeria).

Oza room: Specifically represents a Nigerian ethnic group, Hausa's phonological interference rendition of the noun phrase "Other room". It comically implies a female's bedroom of intimate pleasure, based on the special usage by a former Nigerian President of Hausa-Fulani extraction.

P

PA: Personal Assistant.

Paddy: Good friend.

Paddy paddy: Friendship.

Pafuka: Finish, end, spoil or collapse.

Palava: Problem or trouble.

Panadol: Name a popular medicine.

Papa: Father.

Pass: More, more than, bigger, greater or beyond.

Patapata: Totally.

Pele: Expression of pity, empathy or sympathy.

Persin: Person.

Pick race: Run away.

Pikin: Child.

Pipu: People.

Play away match: Indulge in extramarital affairs or infidelity.

Play-play: Joke or joking matter.

Plenti: Plenty.

Plenti Plenti: Very many.

Plus say: 1. In addition to the fact

       2. Especially that.

Point-and-Kee: Point-and-Kill.

Politishians: Politicians.

Pota: Port Harcourt (a Nigerian city).

Potiskum: (a Nigerian town).

Presido: President.

Promax: High level, superior or massive.

Propati: Property.

Publik: Public.

Put wahala for awa neck: Cause a problem for us.

R

Reach: Arrive, get to a point or enough.

Republik: Republic.

Respet: Respect.

Rimenba: Remember.

Ritayament: Retirement.

Rope in: Implicate or lie against.

S

Sabi: Know or understand.

Sakulet: Circulate.

Salaiva: Saliva.

Sand-sand: Sand. Put sand-sand for:

      1. Put sand in something (literal meaning).

      2. Jeopardise someone's chances (metaphoric meaning).

Season film: A prolonged, interesting but sometimes unpleasant event or incident.

Sef: Self.

Sella: Seller.

Sha: Used as an adverb, intensifier or interjection for emphasis especially at the end of a sentence.

Shake bodi: Give some money, something or bribe.

Sharp pass: Smarter than.

Sharp sharp: Quickly.

Shebi? (Interrogative usage): Is it not? Is that not so?

Shebi/Shey (Affirmative usage/statement): "Shebi/Shey you know say I love you so much." This means "I am very sure you know I love you so much."

Shey (Interrogative usage): This active interrogative word in Yoruba language becomes almost redundant in literal translation into Pidgin English in an attempt to reinforce a question, e.g. "Shey I no be your frien again?" The interrogative sentence here can stand without "Shey".

Shia: Share.

Shine eye: Watch critically (metaphoric meaning).

Shine eye for: Confront somebody (literal meaning).

Shingbain: 1. Any money at all.

        2. Even some money.

        3. A penny.

Shola: A Yoruba personal name.

Showorent: Fictional name of a popular figure.

Sista: Sister.

Skanskan: Mental illness or disorder.

Skataskata: Scatter, spoil or confusion.

Small small: Gently or little by little.

Small taim: Within a short time.

Smesme: Sluggishness, inactivity or nonsense.

Sokoto: Name of a city in Nigeria.

Soludotion: Fictional name of a popular public figure.

Somebodi: Somebody.

Sometin: Something.

Somewia: Somewhere.

Sovenia: Souvenir.

Spirishua: Spiritual.

Steadi: Steady or steadily.

Steadi steadi: Very steadily or regularly.

Stai: Style.

Stomak: Stomach.

Stomak infrastructure: Stomach infrastructure (The act of sharing money and foodstuffs to party faithful, electorate, etc., by politicians in Nigeria).

Strong head: Stubborn or stubbornness.

Suffa: Suffer.

Suffahead: Suffering or a suffering person.

Supa strika: Super striker.

Swear: curse, serious or strongly mean something.

T

Taim: Time.

Tanda: Stand.

Taya: Tire or tired.

Tey tey: For long.

Throway: Throw away or give, e.g.

      1. Throway di paper (literal usage)

      2. Throway sometin for ground first (metaphoric usage), meaning to "Give something first".

Tif: Thief or steal.

Tiket: Ticket.

Tink: Think.

Togeda: Together.

Tooth picking season: Enjoyment season.

Tori: Story.

Tretin: Threaten.

Trousa: Trousers.

True true: Truly or honestly.

Tuale: An informal greeting, salute or cheer to a respected personality.

Tin: Thing.
Tink: Think.

U

Una: You (Second person plural pronoun).
Unkle No Shishi: Nickname of a popular personality.
Unkle: Uncle.

V

Vamoose: Disappear.
Vawulence: Violence.
Vokal: Vocal.
Vex: Be Angry or infuriated.

W

Wahala: Trouble, problem or crisis.
Wan: Want.
Waya: Wire. Hunger dey waya persin (Idiomatic or metaphoric usage), meaning "I am feeling hungry".
Wayo: Deceit.
Weda: Weather.
Weldon: Well done (to genuinely appreciate somebody doing something; or to indirectly or sarcastically condemn someone's action).
Well well: Very well.
Wen: When.
Wetin: What.
Wey: That/Who/Which.
Whine: Mock, make jest of, flatter or trouble deliberately.
Wia: Where.
Wikky: Fictional name of a popular figure.

Winch: Witch.

Wit: With.

Wonda: Wonder.

Worry: Affect or wrong with.

Worwor: Bad or worse.

<u>Y</u>

Yaba left: Federal Neuro-Psychiatric Hospital, Yaba, Lagos, Nigeria.

Yabis: 1. Act of making jest of each other in a friendly manner.
2. Insults.

Yanma-yanma: Nonsense.

Yansh: Bottom.

Yarn: Tell, disclose or a story.

Yawa: Problem or trouble, e.g., Yawa go gas (this means "There will be trouble or problem").

Yeye: Nonsense or worthless or worthlessness.

Yonda: Yonder.

You hear say: You heard that.

Yoursef: Yourself or Yourselves.

Yuller: Fictional name of a popular figure.

OTHER BOOKS BY BOLUTIFE OLUWADELE, PhD

MY QUEST FOR NIGERIA'S REBIRTH

My Quest for Nigeria's Rebirth explores Nigeria's unique social challenges, aiming to spark profound contemplation and ignite a collective drive for positive change. Within the pages of this book, readers will explore the intricate web of socio-political issues that have long hindered progress while offering a rallying cry to harness our nation's abundant human and material resources for the betterment of all. This thought-provoking narrative charts a course toward a brighter future, uniting us in the pursuit of a common good that uplifts the lives of everyday Nigerians.

BUSINESS STRATEGY MANUAL

Business Strategy Manual is an engaging compilation of essential business tips based on the author's years of practice and experience. It is a book specifically designed for small and medium-sized enterprises (SMEs) and other businesses seeking to optimize their performance and make informed decisions. With practical examples and case studies, the book aims to equip business owners with the knowledge and skills necessary to harness the power of data and transform it into actionable business strategies. From identifying market trends to evaluating customer behaviour, *Business Strategy Manual* is a valuable resource for SMEs looking to stay competitive in today's data-driven business landscape.

ODDITY OF IMPUNITY

Oddity of Impunity serves us with freshness and unhindered expressiveness, salted with the self-mastery of an adept satirist. With playful sternness, the poet writes about issues that plague us daily—democratisation, corruption, exploitation, and Pan-Africanism; asking us to take action, so we can truly play while we work.

THOUGHTS OF A VILLAGE BOY

In contemplating the course of history, it becomes evident that the narratives of tomorrow are intricately shaped by the chronicles of today. *Thoughts of a Village Boy* unveils a profound exploration of authentic issues, subtly interwoven with contemporary events, all set within the heart of the most populous nation on the African continent. The book stands as a significant contribution to the existing tapestry of literature dedicated to the modern history of Nigeria. It delves into a spectrum of vital themes deeply entrenched in the nation's fabric, which, though universal in nature, are uniquely addressed, offering readers an enlightening journey back to the very roots of our collective history.

Bolutife Oluwadele, a Canada-based versatile Chartered Accountant, holds a PhD and Master of Public Administration (with Distinction) in Public Policy and Administration from Walden University, USA, as well as a Master of Science degree in Corporate Govern-ance from Leeds University, England.

Bolutife is a renowned Certified Fraud Examiner, cerebral Public Policy Scholar accomplished Trainer, and Business/General Management Consultant.

A very prolific and satiric author, he has published bestsellers such as "Thoughts of a Village Boy," "My Quest for Nigeria's Rebirth," "Business Strategy Manual," and "Oddity of Impunity," among others. He attended Ayetoro/Iloro High School (AIHS), Ekiti State, and the Federal College of Education, Katsina, Nigeria where he studied History/CRS before transiting to become a certified professional accountant.

Bolutife, a diligent, intelligent, and resilient multi-disciplinary professional, was once honored with an award for Technical Concept Development for the Canada International Accountants' Conference of the Institute of Chartered Accountants of Nigeria (ICAN). He was also honored with the book "Counting Green" by Samuel Ogabidu, a poet, to mark his Diamond Jubilee.

www.ingramcontent.com/pod-product-compliance
Lightning Source LLC
Chambersburg PA
CBHW020529160726

47992CB00005BA/2307